아랍어 문자와 발음 익히기

알리프(ا)에서 야(ي)까지

아랍어 문자와 발음 익히기

알리프(ﺍ)에서 야(ﻱ)까지

송경숙 · 이명원 · 공지현 · 윤용수 · 윤은경 · 임병필

مدخل إلى الحروف العربية

KSI 한국학술정보(주)

아랍어를 모국어 또는 공용어로 사용하는 아랍국가는 동서로는 대서양 연안의 북서부 아프리카부터 인도양까지, 남북으로는 아프리카 대륙의 북부해안부터 아라비아반도의 남부까지 22 개국이다. 또한 아랍어는 현재 유엔이 채택하고 있는 6 개 공용어의 하나이다.

아랍어는 히브리어와 아람어 등과 함께 셈어족에 속하는 언어이다. 이 어족의 두드러진 특징 중의 하나는 어근이 자음 중심이라는 점이며, 어근의 대부분은 3 字根이다.

아랍어는 보통 고전 아랍어(Classical Arabic)와 현대 표준 아랍어(Modern Standard Arabic) 그리고 현대 구어체 아랍어(Modern Spoken Arabic)로 분류된다. 고전 아랍어는 코란의 언어이고, 현대 표준 아랍어는 신문과 방송 등의 공식적인 자리에서 사용되며, 현대 구어체 아랍어는 보통 사람들의 일상언어로서 국가나 지역에 따라 그 차이가 심한 편이다.

아랍어는 오른쪽에서 왼쪽으로 적는다. 글자가 오는 위치에 따라 어두형, 어중형, 어말형, 독립형으로 나뉘고 그 형태가 조금씩 변한다. 인쇄 활자체로 사용되는 나스크(al-naskh)체와 필기체인 루크아(al-ruq'ah)체가 있다. 초보자들은 우선 활자체만을 익히고, 필기체에 대한 공부는 뒤로 미룬다.

아랍어 문자는 28 개(hamzah 를 별도의 문자로 간주하면 29 개)의 글자로 구성되어 있다. 이 중 'alif, wāw, yā'는 장모음이나 이중모음을 나타내는 데 사용되기도 한다.

본 교재 편찬위원 일동은 아랍어 초보 학습자들이 본 교재를 통하여 아랍어에 대한 관심과 흥미를 느껴 학업에 더욱 정진할 수 있게 되기를 바란다.

2009 년 2 월
저자 일동

목차

제 1 과 자음과 모음, 발음부호 9

제 2 과 (ن، ث، ت، ب) 19

제 3 과 (ه، خ، ح، ج) 39

제 4 과 (د، ذ، ر، ز) 59

제 5 과 (س، ش، ص، ض) 79

제 6 과 (ط، ظ، ع، غ) 99

제 7 과 (ف، ق، ك، ل) 119

제 8 과 (أ، و، ي، م) 139

لبنان

تونس

موريتانيا

السعودية

إيران

الجزائر

سوريا

قطر

عُمان

المغرب

فلسطين

العراق

الأردن

الكويت

ليبيا

مصر

제 1 과

자음과 모음, 발음부호

Ⅰ. 아랍어의 자음

명칭	어말형	어중형	어두형	독립형	발음기호	한글표기
'alif hamzah	ـأ	ـأ	أ	أ	ʔ	표기하지 않음
bā'	ـب	ـبـ	بـ	ب	b	ㅂ, 브
tā'	ـت	ـتـ	تـ	ت	t	ㅌ, ㅅ, 트
thā'	ـث	ـثـ	ثـ	ث	θ	ㅅ, 스
jīm	ـج	ـجـ	جـ	ج	ʤ	ㅈ, ㅅ, 지
ḥā'	ـح	ـحـ	حـ	ح	ħ	ㅎ, 흐
khā'	ـخ	ـخـ	خـ	خ	χ	ㅋ, ㄱ, 크
dāl	ـد	ـد	د	د	d	ㄷ, ㅅ, 드
dhāl	ـذ	ـذ	ذ	ذ	ð	ㄷ, ㅅ, 드
rā'	ـر	ـر	ر	ر	r	ㄹ, 르
zāy	ـز	ـز	ز	ز	z	ㅈ, ㅅ, 즈
sīn	ـس	ـسـ	سـ	س	s	ㅅ, 스
shīn	ـش	ـشـ	شـ	ش	ʃ	시, 슈, 시

명칭	어말형	어중형	어두형	독립형	발음기호	한글표기
ṣād	ـص	ـصـ	صـ	ص	ṣ	ㅅ, 스
ḍād	ـض	ـضـ	ضـ	ض	đ	ㄷ, ㅅ, 드
ṭā'	ـط	ـطـ	طـ	ط	ŧ	ㅌ, ㅅ, 트
ẓā'	ـظ	ـظـ	ظـ	ظ	ð	ㄷ, ㅅ, 드
'ayn	ـع	ـعـ	عـ	ع	ʕ	아
ghayn	ـغ	ـغـ	غـ	غ	ɣ	ㄱ, 그
fā'	ـف	ـفـ	فـ	ف	f	ㅍ, ㅂ, 프
qāf	ـق	ـقـ	قـ	ق	q	ㅋ, ㄱ, 크
kāf	ـك	ـكـ	كـ	ك	k	ㅋ, ㄱ, 크
lām	ـل	ـلـ	لـ	ل	l	ㄹ, ㄹㄹ
mīm	ـم	ـمـ	مـ	م	m	ㅁ, 므
nūn	ـن	ـنـ	نـ	ن	n	ㄴ, 느
hā'	ـه	ـهـ	هـ	ه	h	ㅎ, 흐
wāw	ـو	ـو	و	و	w	오, 우
yā'	ـي	ـيـ	يـ	ي	j	이

* 아랍어 자음의 조음 위치와 방식

조음 방식 \ 조음 위치			양순	순치	치간	치·치조	치조	치조·구개	경구개	연구개	구개수	인두	성문
파열음	유성	비강세음	ب			د							ء
		연구개음화				ض							
	무성	비강세음				ت				ك	ق		
		연구개음화				ط							
마찰음	유성	비강세음			ذ		ز			غ		ع	
		연구개음화			ظ								
	무성	비강세음		ف	ث		س	ش		خ		ح	ه
		연구개음화					ص						
파찰음	유성							ج					
비음	유성		م			ن							
전동음	유성						ر						
설측음	유성					ل							
반모음	유성		و						ي	(و)			

Ⅱ. 아랍어의 모음

1. 단모음

단모음에는 /a, i, u/ 3 개가 있다.

모음의이름	모음부호	모음	보기
فَتْحَةٌ (파트하)	ـَ	/a/	أَ، بَ، تَ، ثَ، جَ، حَ، خَ، دَ، ذَ، رَ، زَ، سَ، شَ، صَ، ضَ، طَ، ظَ، عَ، غَ، فَ، قَ، كَ، لَ، مَ، نَ، هَ، وَ، يَ
كَسْرَةٌ (카스라)	ـِ	/i/	إِ، بِ، تِ، ثِ، جِ، حِ، خِ، دِ، ذِ، رِ، زِ، سِ، شِ، صِ، ضِ، طِ، ظِ، عِ، غِ، فِ، قِ، كِ، لِ، مِ، نِ، هِ، وِ، يِ
ضَمَّةٌ (담마)	ـُ	/u/	أُ، بُ، تُ، ثُ، جُ، حُ، خُ، دُ، ذُ، رُ، زُ، سُ، شُ، صُ، ضُ، طُ، ظُ، عُ، غُ، فُ، قُ، كُ، لُ، مُ، نُ، هُ، وُ، يُ

2. 장모음

장모음은 /ā, ī, ū/ 3 개이며, 단모음 뒤에 각각 ا, ي, و를 연결하여 만든다.

모음의 종류	모음부호	모음	보기
장모음	ـَا	/ā/	آ، بَا، تَا، ثَا، جَا، حَا، خَا، دَا، ذَا، رَا، زَا، سَا، شَا، صَا، ضَا، طَا، ظَا، عَا، غَا، فَا، قَا، كَا، لَا، مَا، نَا، هَا، وَا، يَا

| 장모음 | ‫ـِي‬ | /ī/ | ‫ئِي، بِي، تِي، ثِي، جِي، حِي، خِي، دِي، ذِي، رِي،‬
‫زِي، سِي، شِي، صِي، ضِي، طِي، ظِي، عِي، غِي،‬
‫فِي، قِي، كِي، لِي، مِي، نِي، هِي، وِي، يِي‬ |
| | ‫ـُو‬ | /ū/ | ‫أُو، بُو، تُو، ثُو، جُو، حُو، خُو، دُو، ذُو، رُو، زُو،‬
‫سُو، شُو، صُو، ضُو، طُو، ظُو، عُو، غُو، فُو، قُو،‬
‫كُو، لُو، مُو، نُو، هُو، وُو، يُو‬ |

3. 이중 모음

이중 모음에는 /ay, aw/ 2개가 있다. /ay/는 단모음 /a/에 약자음 ‫ي‬를, /aw/는 단모음 /a/에 약자음 ‫و‬를 각각 결합하여 만든다.

모음의 종류	모음부호	모음	보기
이중모음	‫ـَيْ‬	/ay/	‫أَيْ، بَيْ، تَيْ، ثَيْ، جَيْ، حَيْ، خَيْ، دَيْ، ذَيْ، رَيْ،‬ ‫زَيْ، سَيْ، شَيْ، صَيْ، ضَيْ، طَيْ، ظَيْ، عَيْ، غَيْ،‬ ‫فَيْ، قَيْ، كَيْ، لَيْ، مَيْ، نَيْ، هَيْ، وَيْ‬
	‫ـَوْ‬	/aw/	‫أَوْ، بَوْ، تَوْ، ثَوْ، جَوْ، حَوْ، خَوْ، دَوْ، ذَوْ، رَوْ، زَوْ،‬ ‫سَوْ، شَوْ، صَوْ، ضَوْ، طَوْ، ظَوْ، عَوْ، غَوْ، فَوْ، قَوْ،‬ ‫كَوْ، لَوْ، مَوْ، نَوْ، هَوْ، يَوْ‬

Ⅲ. 아랍어의 발음 부호

1. 수쿤 (سُكُون) : ـْ

자음이 모음을 가지지 않은 경우 수쿤으로 표기한다.

보기) أَنْتَ / مَنْ / أُخْتٌ / عَنْ / اِبْنٌ / بَيْتٌ / حِكْمَةٌ / خَيْرٌ / دَرْسٌ / دَوْلَةٌ / سَبْعَةٌ / شَرْقٌ /

شُكْرٌ / شَعْبٌ / شَهْرٌ / صَعْبٌ / مَطْعَمٌ / عَيْنٌ / فكْرَةٌ / قُرْآنٌ / مكْتَبَةٌ / كَمْ

2. 샷다 (شَدَّةٌ) : ـّ

동일한 두 자음이 모음 없이 반복되는 경우 샷다로 표기한다.

보기) دَرْرَسَ ← دَرَّسَ ، عَلْلَمَ ← عَلَّمَ

عَلَّمَ / دَرَّسَ / طُلَّابٌ / سُكَّرٌ / سِكِّينٌ / جَوٌّ / جَيِّدٌ / طَيِّبٌ / قِطٌّ / الله

3. 맛다 (مَدَّةٌ) : آ

함자(ء) 뒤에 장모음 /ā/나 /ī/가 올 경우 맛다로 표기한다.

보기) نِسَةٌ ← آنِسَةٌ ، أَلْخَرُ ← آخَرُ ، أَمَنَ ← آمَنَ

قُرْآنٌ / مِرْآةٌ / آثَارٌ / آسِفٌ / آخَرُ / آنِسَةٌ / الآنَ

4. 알리프 마크수라 (أَلِفٌ مَقْصُورَةٌ) : ـىٰ

일부 낱말의 어말에서 점이 없는 ى 앞에 모음 /a/가 오면 /ā/ 소리를 내는데, 이를
알리프 마크수라로 표기한다.

보기) إِلَى / أُخْرَى / عَلَى / حَتَّى / سِوَى / اَلْمَعْنَى / اَلْمَقْهَى / مَتَى

5. 탄윈 (تَنْوِينٌ) : ٌ (un, 주격), اً (an, 목적격), ٍ (in, 소유격)

명사의 비한정 상태를 나타내기 위해서 단어의 어말에 /n/음을 첨가하는데, 이를 탄윈
이라고 한다. 탄윈은 단모음을 반복 표기하여 나타낸다. 그러나 /an/음을 낼 때는(목적격
일 때) 일반적으로 발음과 상관 없는 알리프(ا)를 덧붙인다.

보기) وَلَدٌ ، وَلَدٍ / وَلَدَ ، بَيْتٌ ، بَيْتًا ، بَيْتٍ / كِتَابٌ ، كِتَابًا ، كِتَابٍ
مُدَرِّسٌ ، مُدَرِّسًا ، مُدَرِّسٍ / صَبَاحٌ ، صَبَاحًا ، صَبَاحٍ / طَالِبٌ ، طَالِبًا ، طَالِبٍ

ة와 장모음 /ā/ 뒤에서 함자(ء)로 끝나는 낱말에서는 목적격일 때 ا를 붙이지 않는다.

보기) جَامِعَةٌ ، جَامِعَةً ، جَامِعَةٍ / مَدْرَسَةٌ ، مَدْرَسَةً ، مَدْرَسَةٍ / مَاءٌ ، مَاءً ، مَاءٍ
مَدْرَسَةً ، مَدْرَسَةٍ / شِتَاءٌ ، شِتَاءً ، شِتَاءٍ / بِنَاءٌ ، بِنَاءً ، بِنَاءٍ

6. 타 마르부타 (تَاءٌ مَرْبُوطَةٌ) : ة

일반적으로 남성형 명사와 형용사에 타 마르부타를 붙이면 여성형이 된다. 타 마르부타는
모음 앞에 올 경우, /t/로 소리 나며 그 앞의 모음은 언제나 /a/이다.

보기) طَالِبٌ (남학생)   ←   طَالِبَةٌ (여학생)

كَبِيرٌ (큰: 남성형)   ←   كَبِيرَةٌ (큰: 여성형)

دُكْتُورَةٌ / دُكْتُورٌ ، مُدَرِّسَةٌ / مُدَرِّسٌ ، جَمِيلَةٌ / جَمِيلٌ ، ابْنَةٌ / ابْنٌ ، أُسْتَاذَةٌ / أُسْتَاذٌ

كُورِيَّةٌ / كُورِيٌّ ، مُسْلِمَةٌ / مُسْلِمٌ ، زَوْجَةٌ / زَوْجٌ ، رَئِيسَةٌ / رَئِيسٌ ، مُدِيرَةٌ / مُدِيرٌ

Ⅳ. 태양 문자와 월 문자

아랍어 28 개 문자는 태양 문자와 월 문자 중 하나에 속한다. 태양 문자와 월 문자는 각각 다음과 같다.

태양 문자	ت، ث، د، ذ، ر، ز، س، ش، ص، ض، ط، ظ، ل، ن
월 문자	أ، ب، ج، ح، خ، ع، غ، ف، ق، ك، م، ه، و، ي

태양 문자로 시작되는 단어에 정관사 اَلْ이 올 경우에 음운변화가 일어나 اَلْ의 لْ은 태양 문자에 동화되고, 태양 문자 위에 샷다 ' ّ '를 붙여 표기한다. 그러나 월 문자에 정관사가 올 경우는 음운변화가 일어나지 않는다.

태양 문자 (اَلْحُرُوفُ الشَّمْسِيَّةُ)	اَلرَّجُلُ ← اَلْ + رَجُلٌ اَلسَّلَامُ ← اَلْ + سَلَامٌ	اَلشَّمْسُ، اَلسَّرِيرُ، اَلظَّرْفُ، اَلثَّوْرُ، اَلدَّلْوُ، اَلتِّمْثَالُ، اَلنِّيلُ، اَلطِّفْلُ، اَلضَّابِطُ، اَلصُّنْدُوقُ، اَللِّسَانُ، اَلرَّجُلُ، اَلنُّقُودُ، اَلسُّودَانُ، اَلسُّعُودِيَةُ
월 문자 (اَلْحُرُوفُ الْقَمَرِيَّةُ)	اَلْبَيْتُ ← اَلْ + بَيْتٌ اَلْمَطْعَمُ ← اَلْ + مَطْعَمٌ	اَلْبِنْتُ، اَلْمُشْطُ، اَلْكِتَابُ، اَلْحَبْلُ، اَلْفِيلُ، اَلْجَمَلُ، اَلْقَدَمُ، اَلْوَرْدَةُ، اَلْأُذُنُ، اَلْفَخْذُ، اَلْغَزَالُ، اَلْعَيْنُ، اَلْيَدُ، اَلْقَاهِرَةُ، اَلْجَزَائِرُ، اَلْمَغْرِبُ، اَلْيَمَنُ، اَلْكُوَيْتُ، اَلْأُرْدُنُ، اَلْعِرَاقُ، اَلْإِمَارَاتُ الْعَرَبِيَّةُ الْمُتَّحَدَةُ، اَلْبَحْرَيْنِ

* 뒤에 오는 문자와 연결되지 않는 문자 6 개:: ا , د , ذ , ر , ز , و

위 6개 문자들은 앞에 오는 문자들과는 연결되어 표기되지만 뒤에 오는 문자들과는 분리되어 표기된다.

(보기) / مَدْرَسَةٌ دَرْسٌ / خِدْمَةٌ / حُصُولٌ / تَحْرِيرٌ / حَدِيثٌ / ثَوْرَةٌ بَابٌ، / ابْنٌ / أَيْنَ / أَيْضًا

زِيَارَةٌ / زَمَنٌ / رِسَالَةٌ / مَرْحَبًا / رَجُلٌ / كَذَلِكَ / ذَلِكَ / دَوْلَةٌ / دِمَشْقُ / دُسْتُورٌ

فِكْرَةٌ / عَمَّانُ / طَوِيلٌ / طَعَامٌ / صَدِيقٌ / صَبَاحٌ / مَشْهُورٌ / شَرِكَةٌ / شَارِعٌ / سَاعَةٌ / سَافَرَ

وَزِيرٌ / وَرَقَةٌ / وَاجِبٌ / نِيُويُورْك / مَدِينَةٌ / كَانَ / كَلَامٌ / كَرِيمٌ / كِتَابٌ / قَدِيمٌ / مُقَابَلَةٌ

제 2 과

ب ت ث

ن ث ت

لبنان

تونس

موريتانيا

السعودية

إيران

الجزائر

سوريا

قطر

عُمان

المغرب

فلسطين

العراق

الأردن

الكويت

ليبيا

مصر

ب	bā'(ㅂ, 브)

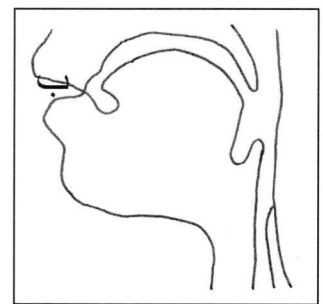

【발음방법】 bā'(ب)를 발음할 때는 폐에서 나오는 공기가 두 입술에 의해 완전히 멈추어 잠시 압축되었다가 개방되어 파열음을 내면서 구강 밖으로 나온다. 이때 성대가 떨린다. 따라서 bā'(ب)는 양순·유성·파열음(bilabial voiced plosive)이다.

* 폐쇄음(stop)은 파열음(plosive) 혹은 정지음(stop)이라고도 하는데 이는 폐에서 나오는 공기가 조음점에서 폐쇄되었다가, 혹은 정지하였다가 파열되어 나오는 소리라는 점을 고려하여 붙인 것이다.

어말형	어중형	어두형	독립형
ـب	ـبـ	بـ	ب
سَبَبٌ	أُسْبُوعٌ	بَيْتٌ	كِتَابٌ

ب

ب

ب

ب

بَطَّةٌ

بُ	بِ	بَ		بَطَّةٌ

كِتَابٌ

	ـب

دُرٌّ

	ـبـ

بَطَّةٌ

	بـ

ت	tā'(ㅌ, ㅅ, ㅌ)

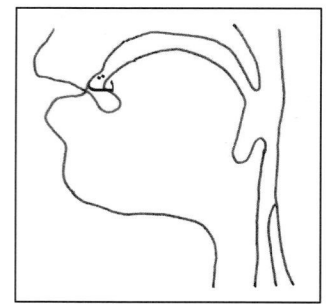

【발음방법】 tā'(تاء)를 발음할 때는 혀끝이 위 앞니들 뿌리와 잇몸 앞부분에 접촉하는 곳에서 폐에서 나온 공기가 완전히 멈추며, 잠시 동안 압축되었다가 혀가 그 접촉점에서 갑자기 분리된다. 그래서 파열음이 발생한다. 이때 성대는 떨리지 않는다. 따라서 tā'(تاء)는 치치조·무성·파열음(dental-alveolar voiceless plosive)이다.

어말형	어중형	어두형	독립형
ـت	ـتـ	تـ	ت
بِنْتٌ	مَكْتَبٌ	تِجَارَةٌ	بُيُوتٌ

ت

ﺗ

ﺘ

ﺖ

تَاجٌ

تَاجٌ

تُ	تِ	تَ

بَيْتٌ | مِفْتَاحٌ | تَاجٌ

	ت		تـ		تَ

ث	thā'(ㅅ, ㅆ)

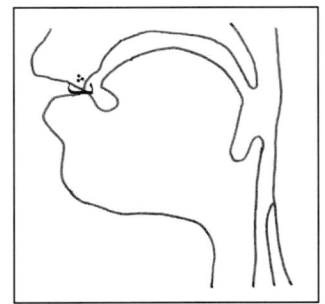

【발음방법】 thā'(ثاء)를 발음할 때는 혀의 가장자리가 위아래 앞니들 사이에 놓인다. 이때 혀와 이의 좁은 틈새기를 통하여 공기가 마찰음을 내며 나간다. 그러나 비강을 통해 나가지 못하게 하며, 성대도 떨리지 않는다. 따라서 thā'(ثاء)는 치간·무성·마찰음 (interdental voiceless fricative)이다.

어말형	어중형	어두형	독립형
ـث	ـثـ	ثـ	ث
حَيْثُ	مَنْثُورٌ	ثَمَنٌ	حَدَّاث

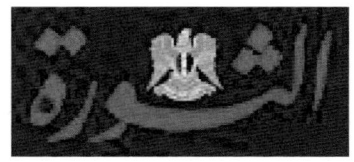

ث

ﺛ

ﺜ

ﺚ

ثَ

ثَعْلَبٌ

ثَعْلَبٌ		ثُ	ثِ	ثَ

مُثَلَّثٌ		كُمَّرَى		ثَعْلَبٌ	
ـثـ		ـثـ		ثـ	

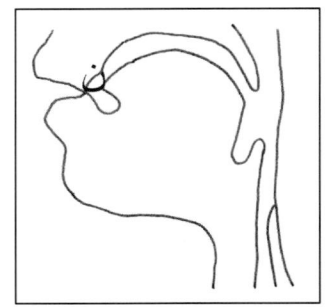

ن	nūn(ㄴ, 느)

【발음방법】 이 소리를 낼 때는 혀끝이 윗니들과 잇몸에 맞닿아 있으며, 연구개가 내려가 폐에서 나오는 공기가 비강을 통해 나갈 수 있다. 이 소리를 발음할 때 성대가 떨린다. 따라서 nūn(ن)은 치치조·유성·비음(dental alveolar voiced nasal)이다.

어말형	어중형	어두형	독립형
ن	ـنـ	نـ	ن
ضِمْن	عِنَبٌ	نُورٌ	قَرْن

موريتانيا

ن

ـن

ـنـ

ـن

نَمْرٌ

نُ	نِ	نَ		نَمْرٌ

غُصْنٌ	عِـنَـبٌ	نَمْرٌ
ـن	ـنـ	نـ

【읽기 연습】

투숙객	نَزِيلٌ	아버지	أَبٌ
절반	نِصْفٌ	나(는)	أَنَا
너(는), 당신(은) (남성)	أَنْتَ	상인, 판매원	بَائِعٌ
디나르(화폐단위)의 복수형	دَنَانِيرُ	추운, 춥다	بَارِدٌ
라마단(이슬람력 아홉 번째 달)	رَمَضَانُ	아홉 번째(의)	تَاسِعٌ
일곱 번째(의)	سَابِعٌ	연습 문제	تَمْرِينٌ
좋은, 훌륭한, 좋다	طَيِّبٌ	세 번째(의)	ثَالِثٌ
레바논	لُبْنَانُ	황소	ثَوْرٌ
박물관	مَتْحَفٌ	어디, 어디에(서)	أَيْنَ

--	أَبٌّ
--	أَنَا
--	بَائِعٌ
--	بَارِدٌ
--	تَاسِعٌ
--	تَمْرِينٌ
--	ثَالِثٌ
--	ثَوْرٌ
--	أَيْنَ

	نَزِيلٌ
	نِصْفٌ
	أَنْتَ
	دَنَانِيرُ
	رَمَضَانُ
	سَابِعٌ
	طَيِّبٌ
	لُبْنَانُ
	مَتْحَفٌ

제 3 과

لبنان

تونس

موريتانيا

السعودية

إيران

الجزائر

سوريا

قطر

عُمان

المغرب

فلسطين

العراق

الأردن

الكويت

ليبيا

مصر

ج   ح   خ   ه

ج	jīm(ㅈ, ㅅ, 지)

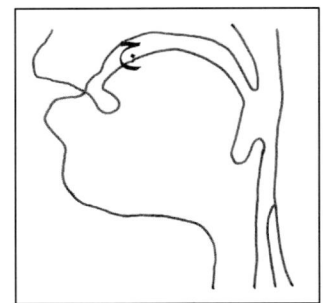

【발음방법】 jīm(جيم)을 발음할 때는 폐에서 나오는 공기가 나가지 못하게 할 정도로 혀의 앞부분이 잇몸의 뒷부분과 구개의 앞부분을 향해 올라간다. 그리고 나서 잇몸과 구개로부터 혀가 분리되는데 일반적인 파열음 발음처럼 갑자기 분리되는 것이 아니라 천천히 분리가 이루어져서 폐에서 나온 공기가 파열된 후에 잇몸과 구개 그리고 혀 사이에서 마찰을 일으키게 한다. 따라서 jīm(جيم)은 치조구개・유성・파찰음(alveolo-palatal voiced affricative)이다.

어말형	어중형	어두형	독립형
ج	ج	ج	ج
ثَلْج	مَسْجِدٌ	جَبَل	بُرْج

ح

ج

جـ

حـ

جَ

جَمَلٌ

جَمَلٌ

جُ	جِ	جَ

ثَلْجٌ		شَجَرَةٌ		جَمَلٌ	
ـج		ـجـ		جـ	

	ḥā'(ㅎ, ㅎ)

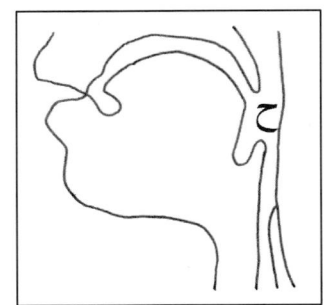

【발음방법】 ḥā'(حاء)를 발음할 때는 폐에서 나오는 공기가 인두강(咽頭腔)을 통과하며 마찰을 일으킬 정도로 인두강의 공기길이 좁아진다. 이때 성대는 떨리지 않는다. 따라서 ḥā'(حاء)는 인두·무성·마찰음(pharyngeal voiceless fricative)이다.

어말형	어중형	어두형	독립형
ح	ح	ح	ح
صَحِيح	مُحَمَّدٌ	حَسَنٌ	صَبَاح

الوِلايات المُتَّحِدة

44

ح

ج

ج

ح

حَ		

حَمَامَةٌ

حَمَامَةٌ	حُ	حِ	حَ

بَاحَ	لَمَّ	حَمَامَةٌ		
ـح	ـحـ	حـ		

خ	khā'(ㅋ, ㄱ, ㅋ)

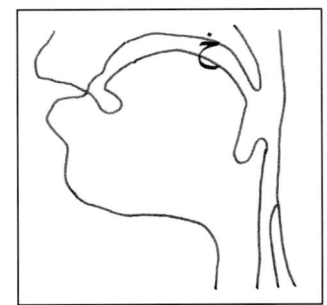

【발음방법】 khā'(خاء)를 발음할 때는 혀뿌리 부분이 연구개에 거의 달라붙을 정도로 올라가며, 그래서 폐에서 나오는 공기가 마찰을 일으키며 통과할 수 있도록 좁은 공간이 만들어진다. 이때 성대는 떨리지 않는다. 따라서 khā'(خاء)는 연구개·무성·마찰음(velar voiceless fricative)이다.

어말형	어중형	어두형	독립형
ـخ	ـخـ	خـ	خ
شَيْخٌ	اَلْخَيْرُ	خُبْزٌ	أَخٌ

[쓰기 연습]

	خ

	ـخ

	ـخـ

	خـ

خَرُوفٌ

خَرُوفٌ	خُ	خِ	خَ

بَطِّيخٌ	نَخْلَةٌ	خَرُوفٌ
ـخْ	ـخـ	خـ

ه	hā'(ㅎ, ㅎ)

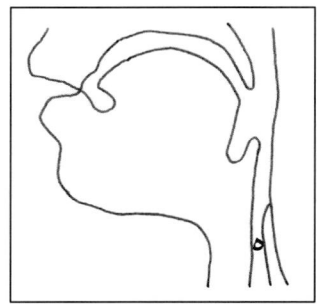

【발음방법】 hā'(ه)는 구강이 모음발음에 적합한 상태일 때 나온다. 이때 후두의 성대가 서로 이완되어 벌어져 생기는 틈을 통해 공기가 마찰음을 내면서 나온다. 또한 연구개가 상승하여 공기가 코를 통해 나가지 못하며, 성대는 떨리지 않는다. 따라서 hā'(ه)는 성문·무성·마찰음(glottal voiceless fricative)이다.

어말형	어중형	어두형	독립형
ـه	ـهـ	هـ	ه
أُمُّهُ	قَهْوَةٌ	هَذَا	هَذِهِ

القَهوة والشاي

ه

ﻬ

ﻬ

ﻤ

	هَـ

هَرَمٌ

هَرَمٌ		هُـ		هِـ		هَـ

مُنَبِّهٌ			مُدَرِّجٌ			هَرَمٌ	
	ـه			ـهـ			هـ

【읽기 연습】

이슬람 사원	مَسْجِدٌ	산	جَبَلٌ
무함마드(남자 이름)	مُحَمَّدٌ	아름다운, 아름답다	جَمِيلٌ
실례합니다만, 허락하신다면	لَوْ سَمَحْتَ	정원	حَدِيقَةٌ
컵, (한) 잔	فِنْجَانٌ	가방	حَقِيبَةٌ
파운드(화폐단위)	جُنَيْهٌ	봉사, 서비스	خِدْمَةٌ
아침에	صَبَاحًا	다섯(의)	خَمْسَةٌ
쉬운, 쉽다	سَهْلَةٌ	피라미드	هَرَمٌ
디르함(화폐단위)	دِرْهَمٌ	이것(은), 이분(은), 이 사람(은)(남성)	هَذَا
다섯 번째(의)	خَامِسٌ	그는 앉는다	يَجْلِسُ

【단어 쓰기】

	جَبَلٌ

	جَمِيلٌ

	حَدِيقَةٌ

	حَقِيبَةٌ

	خِدْمَةٌ

	خَمْسَةٌ

	هَرَمٌ

	هَذَا

	يَجْلِسُ

	مَسْجِدٌ
--	

	مُحَمَّدٌ
--	

	لَوْ سَمَحْتَ
--	

	فِنْجَانٌ
--	

	جُنَيْهٌ
--	

	صَبَاحًا
--	

	سَهْلَةٌ
--	

	دِرْهَمٌ
--	

	خَامِسٌ
--	

제 4 과

لبنان
تونس
موريتانيا
السعودية
إيران
الجزائر
سوريا
قطر
غمان
المغرب
فلسطين
العراق
الأردن
الكويت
ليبيا
مصر

د
ذ
ر
ز

د	dāl(ㄷ, ㅅ, 드)

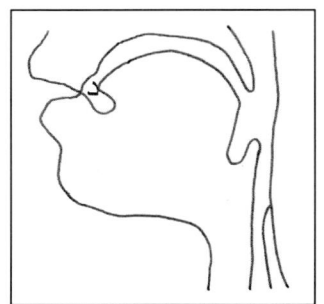

【발음방법】 dāl(دال)은 tā'(تاء)의 유성 대립음이다. 이 두 음 사이의 차이점은 dāl(دال)을 발음할 때는 성대가 떨리나 tā'(تاء)를 발음할 때는 떨리지 않는다는 것과, tā'(تاء)가 기식음임에 반하여 dāl(دال)의 발음에는 기식음 발성(aspiration)이 없다는 것이다. 따라서 dāl(دال)은 치치조·유성·무기·파열음(dental-alveolar voiced unaspirated plosive)이다.

어말형	어중형	어두형	독립형
ـد	ـدـ	ـد	د
مُحَمَّد	عَدَّد	دَرْس	نُقُود

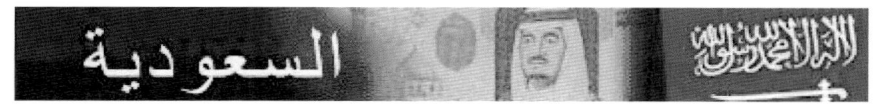

[쓰기 연습]

ﻥ

ﻥ ـ

ﻴ ـ

ﻴ

61

دَجَاجَةٌ

دَجَاجَةٌ	دُ	دِ	دَ

هُدْهُدٌ	صُنْدُوقٌ	دَجَاجَةٌ

	ـد		ـد		د

ذ	dhāl(ㄷ, ㅅ, 드)

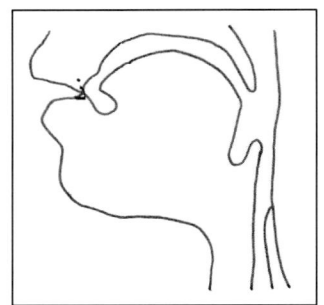

【발음방법】 dhāl(ذال)은 thā'(ثاء)의 유성 대립음이다. 이 두 음 사이의 차이점은 dhāl(ذال)을 발음할 때의 성대가 떨리는 데 반하여 thā'(ثاء)을 발음할 때의 성대는 떨리지 않는다는 것이다. 따라서 dhāl(ذال)은 치간·유성·마찰음(interdental voiced fricative)이다.

어말형	어중형	어두형	독립형
ـذ	ـذـ	ذـ	ذ
تِلْمِيذ	تِلْمِيذَة	ذَهَبٌ	ذَلِكَ

ذ

ـذ

ـذ

ذ

ذَيْلٌ

نَيْلٌ	ذُ	ذِ	ذَ

قِنْفُذٌ		حِذَاءٌ		ذَيْلٌ	
	ـذ		ـذ		ذ

ر	rā'(ㄹ, 르)

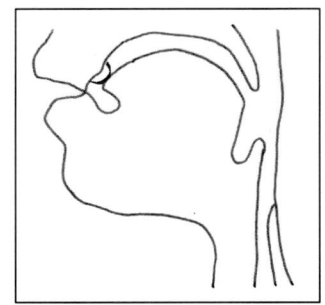

【발음방법】 rā'(ﺭﺍﺀ)의 소리는 혀끝으로 잇몸을 재빨리 반복하여 두드려 줌으로써 만들어진다. 이때 혀는 폐에서 나오는 공기길에서 느슨해지고, 성대는 떨린다. 따라서 rā'(ﺭﺍﺀ)는 치조·유성·전음(顫音)(alveolar voiced trill)이다.

어말형	어중형	어두형	독립형
ـر	ـرـ	رـ	ر
كَبِيرٌ	سَرِيعٌ	رِيَال	رَجُلٌ

إيران

68

[쓰기 연습]

ﻧ

ﻦ

ﻨ

ﻧ

رَجُلٌ

رَجُلٌ

رُ	رِ	رَ

نَمْرٌ		مَرْكَبٌ		رَجُلٌ	
ـر		ـر		ر	

ز	zāy(ㅈ, ㅅ, ㅈ)

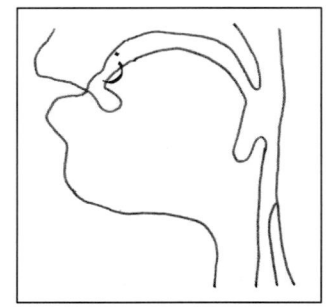

【발음방법】 *zāy*(زاي)는 혀끝을 윗니들의 뒤에 대고 혀의 앞부분을 윗잇몸과 맞닿도록 하여 발음된다. 이때 폐에서 나온 공기가 통과할 수 있는 좁은 틈새기가 있어서 마찰이 일어난다. 연구개는 코를 통해 공기가 나가지 못하도록 올라간다. 이 발음을 할 때 성대는 떨린다. 따라서 이 *zāy*(زاي)는 잇몸·유성·마찰음(alveolar voiced fricative)이다.

어말형	어중형	어두형	독립형
ـز	ـزـ	زـ	ز
عَزِيزٌ	جَزِيرَةٌ	زَمَنٌ	زُبْدٌ

الجزائر

[쓰기 연습]

ز

ـز

ـزـ

ـزـ

زَرَافَةٌ

زَرَافَةٌ

زُ	زِ	زَ

خُبْزٌ		غَزَالٌ		زَرَافَةٌ	
ـز		ـز		ز	

【읽기 연습】

가족	أُسْرَةٌ	자전거	دَرَّاجَةٌ
......후에	بَعْدَ	디나르(화폐단위)	دِينَارٌ
당신(남성)은 ......을 원한다	تُرِيدُ	저것(은), 저 사람(은), 저분(은)(남성)	ذَلِكَ
남학생	تِلْمِيذٌ	황금	ذَهَبٌ
새로운, 새롭다	جَدِيدٌ	사람, 남자	رَجُلٌ
빵	خُبْزٌ	리알(화폐단위)	رِيَالٌ
과, 공부, 학습	دَرْسٌ	버터	زُبْدٌ
가격, 값	سِعْرٌ	쌀, 밥	أُرْزٌ
나무	شَجَرٌ	나는 ......을 원한다	أُرِيدُ

【단어 쓰기】

	دَرَّاجَةٌ

	دِينَارٌ

	ذَلِكَ

	ذَهَبٌ

	رَجُلٌ

	رِيَالٌ

	زُبْدٌ

	أُرْزٌ

	أُرِيدُ

أُسْرَةٌ	---
بَعْدَ	---
تُرِيدُ	---
تِلْمِيذٌ	---
جَدِيدٌ	---
خُبْزٌ	---
دَرْسٌ	---
سِعْرٌ	---
شَجَرٌ	---

제 5 과

لبنان

تونس

موريتانيا

السعودية

إيران

الجزائر

سوريا

قطر

عُمان

المغرب

فلسطين

العراق

الأردن

الكويت

ليبيا

مصر

س

ش

ص

ض

س	sīn(ㅅ, 스)	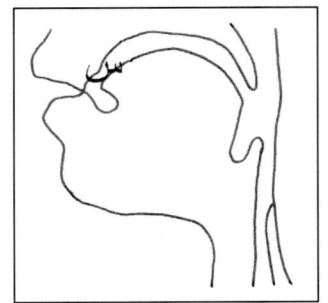

【발음방법】 sīn(سين)은 혀끝을 윗니들의 뒤에 대고 혀의 앞부분을 윗잇몸과 맞닿도록 하여 발음된다. 이때 폐에서 나온 공기가 통과할 수 있는 좁은 틈새기가 있어서 마찰이 일어난다. 연구개는 코를 통해 공기가 나가지 못하도록 올라간다. 이 발음을 할 때 성대는 떨리지 않는다. 따라서 이 sīn(سين)은 잇몸·무성·마찰음(alveolar voiceless fricative)이다. 위 zāy(زاي)와 이 sīn(سين)은 유성·무성 대립을 이루고 있다.

어말형	어중형	어두형	독립형
ـس	ـسـ	سـ	س
مَجْلِس	قِسْم	سَرِير	دَرْس

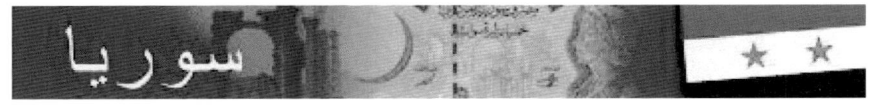

سوريا

	س

	ـ

	ـ

	ـس

سَ

سَمَكَةٌ

سَمَكَةٌ		سُ	سِ	سَ

شَمْسٌ / تِمْساحٌ / مَكَّةُ

شَمْسٌ		تِمْساحٌ		مَكَّةُ	
	ـس		ـسـ		سـ

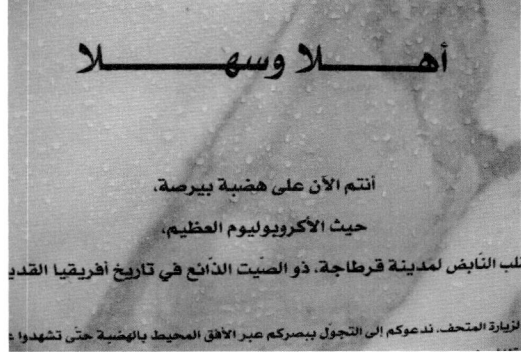

83

	ش	shīn(시, 슈, 시)	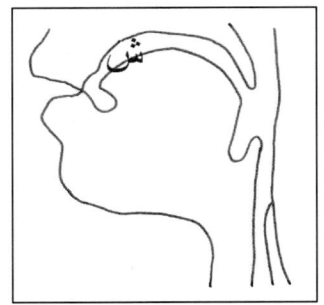

【발음방법】 shīn(شين)의 소리는 혀끝과 혀 앞부분이 윗잇몸 뒷부분과 입천장 앞부분에 닿도록 하여 만들어진다. 이때 공기가 통과할 수 있을 만큼의 틈새기가 혀와 입천장 사이에 있고, 이 틈새기는 sīn(سين)을 발음할 때 생기는 틈새기보다 더 넓다. 이 발음을 낼 때는 혀의 앞부분 전체가 입천장을 향해 올려져 있으며, 성대는 울리지 않는다. 따라서 이 shīn(شين)은 치조구개·무성·마찰음(alveolo-palatal voiceless fricative)이다.

어말형	어중형	어두형	독립형
ـش ـشـ	ـشـ شـ	ـشـ شـ	ش
عَطْشٌ	مَنْشَأٌ	شَمْسٌ	قِرْشٌ

ش

شـ

شـ

ـشـ

شَجَرَةٌ

شَجَرَةٌ

شُ	شِ	شَ

عُشٌ | مُشْطٌ | شَجَرَةٌ

	ـشْ

	ـشـ

	شَـ

	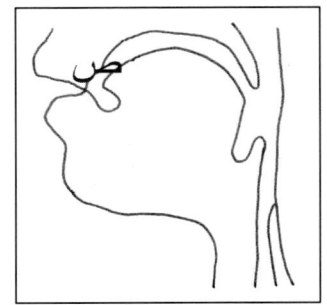
ص	ṣād(ㅅ, ㅅ)

【발음방법】 이 소리는 혀의 뒷부분이 입천장 뒤쪽의 부드러운 부분(여린입천장, 즉 연구개)에 다가갈 정도로 상승하였다가(인두의 뒷벽을 향해) 뒤로 약간 물러나서 생기는 연구개음화(velarized) 발음현상을 제외하고 sīn(سين)을 발음할 때와 같다. 따라서 이 ṣād(صاد)는 잇몸·무성·연구개음화·마찰음(alveolar voiceless velarized fricative)이다.

어말형	어중형	어두형	독립형
ـص	ـصـ	صـ	ص
فَحْصٌ	نَصِيبٌ	صُنْدُوقٌ	نُصُوصٌ

ص

ﺻ

ﺼ

ﺺ

صَارُوخٌ

صَارُوخٌ

صُ	صِ	صَ

مِقَصٌّ

	ـص

حِصَانٌ

	ـصـ

صَارُوخٌ

	صـ

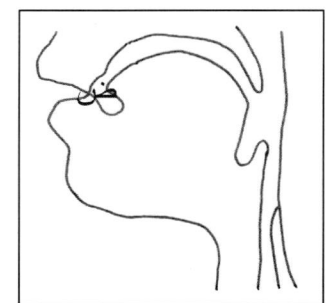

ḍād (ㄷ, ㅅ, ㄷ)	ﺽ

【발음방법】 이 소리는 뒤에서 설명할 ṭā' (طاء)의 무성 대립음이다. 즉 ḍād(ﺽ)
와 ṭā' (طاء)의 차이는 ṭā' (طاء)가 무성음임에 반하여 ḍād(ﺽ)는 유성음이라는 것이
다. 따라서 ḍād(ﺽ)는 치치조·유성·연구개음화·파열음(dental-alveolar voiced
velarized plosive)이다.

어말형	어중형	어두형	독립형
ـض	ـضـ	ضـ	ﺽ
مَقْبِض	فَضْل	ضَيْف	مَرَض

فوق الأرض وتحت الأرض

ض

ـض

ـضـ

ـض

ضَابِطٌ

ضُ	ضِ	ضَ	ضَابِطٌ

مَرِيضٌ		مِضْرَبٌ		ضَابِطٌ	
	ــض		ــضـ		ضــ

하산(남자이름)	حَسَنٌ	운전사	سَائِقٌ
어제	أَمْسِ	칠판	سَبُّورَةٌ
열 번째(의)	عَاشِرٌ	회사	شَرِكَةٌ
수도	عَاصِمَةٌ	아침	صَبَاحٌ
또한, 역시	أَيْضًا	어려운, 어렵다	صَعْبٌ
셔츠	قَمِيصٌ	장교	ضَابِطٌ
의자들, 걸상들	كَرَاسٍ	교수	أُسْتَاذٌ
교사, 선생님	مُدَرِّسٌ	사자	أَسَدٌ
평화	سَلَامٌ	달걀	بَيْضٌ

【단어 쓰기】

	سَائِقٌ

	سَبُّورَةٌ

	شَرِكَةٌ

	صَبَاحٌ

	صَعْبٌ

	ضَابِطٌ

	أُسْتَاذٌ

	أَسَدٌ

	بَيْضٌ

حَسَنٌ	--
أَمْسِ	--
عَاشِرٌ	--
عَاصِمَةٌ	--
أَيْضًا	--
قَمِيصٌ	--
كَرَاسٍ	--
مُدَرِّسٌ	--
سَلَامٌ	--

제 6 과

ط ظ ع غ

لبنان

تونس

موريتانيا

السعودية

إيران

الجزائر

سوريا

قطر

عُمان

المغرب

فلسطين

العراق

الأردن

الكويت

ليبيا

مصر

ط	ṭā'(ㅌ, ㅅ, 트)

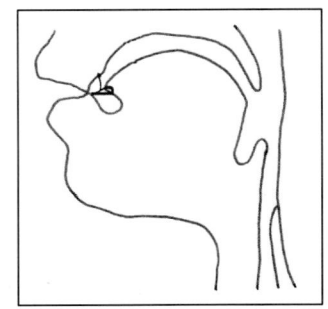

【발음방법】 이 소리는 tā'(تاء)의 연구개음화 대립음이다. ṭā'(طاء)를 발음할 때 혀의 모습이 tā'(تاء)를 발음할 때 혀의 모습과 다르다. 즉 ṭā'(طاء)를 발음할 때는 혀의 뒷부분이 연구개를 향해 상승하였다가 인두의 뒷벽을 향해 약간 물러난다. 어떤 사람들은 이 소리를 발음할 때 혀가 오목해진다고 하는데 이는 혀의 중앙 부분을 오목하게 하며 가장자리와 끝이 상승하는 것을 두고 하는 말이다. 또한 이런 현상은 연구개음화(velarized) 현상을 두고 하는 말(الإطباق 혹은 التفخيم)과 같다. 따라서 ṭā'(طاء)는 치치조·무성·연구개음화·파열음(dental-alveolar voiceless velarized plosive)이다.

어말형	어중형	어두형	독립형
ـط	ـطـ	طـ	ط
خَطٌّ	مَطَرٌ	طَبِيبٌ	اَلرِّبَاطُ

[쓰기 연습]

ط

ط

ط

ط

طَ

طَائِرَةٌ

طَائِرَةٌ	طُ	طِ	طَ

مُشْطٌ   بَطَاطِسٌ   طَائِرَةٌ

	ـطـ		ـطـ		ـطـ

ظ	ẓā'(ㄷ, ㅅ, ㄷ)

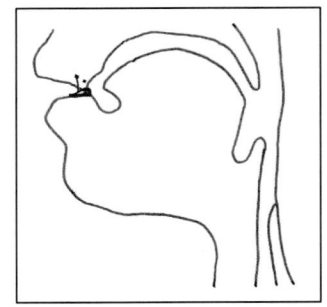

【발음방법】 이 소리를 낼 때 혀의 뒷부분이 연구개를 향해 상승하였다가 뒤로 약간 물러나 연구개음화 현상(التفخيم)이 혹은 الإطباق을 발음할 때와 같은 صاد, طاء와 ضاد을 발음할 때와 같은 혹은 الإطباق(التفخيم)이 일어나는 것을 제외하고는 이 소리는 dhāl(ذال)을 발음하는 방법과 같은 방법으로 만들어진다. 따라서 ẓā'(ظاء)는 치간·유성·연구개음화·마찰음(interdental voiced velarized fricative)이다.

어말형	어중형	어두형	독립형
ظ	ظ	ظ	ظ
حَظ	نَظَّارَةٌ	ظُهُورٌ	اِحْتِفَاظِ

ظ

ظ

ظ

ظ

ظَرْفٌ

ظَرْفٌ		ظُ	ظِ	ظَ

وَاعِظ	ـظ	نَظَّارَةٌ	ـظـ	ظَرْفٌ	ظـ

ع	'ayn(아)

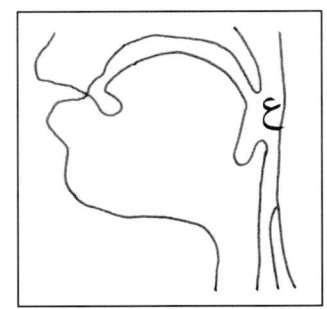

【발음방법】 이 소리는 ḥā'(حاء)의 유성 대립음이다. 즉 'ayn(عين)을 발음할 때는 성대가 떨리지만, ḥā'(حاء)를 발음할 때는 성대가 떨리지 않는다. 따라서 'ayn(عين)은 인두·유성·마찰음(pharyngeal voiced fricative)이다.

어말형	어중형	어두형	독립형
ـع	ـعـ	عـ	ع
سَرِيعٌ	بَعِيدٌ	عَيْنٌ	شَارِعٌ

ع

ع

ح

ح

عَ

عَلَّمٌ

عَلَّمٌ		عُ	عِ	عَ

ضَبْعٌ		ثُعْبَانٌ		عَلَمٌ	
	ـعْ		ـعـ		عـ

غ	ghayn(ㄱ, 그)

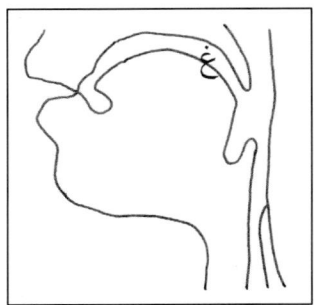

【발음방법】 이 소리는 khā'(خاء)의 유성 대립음이다. 따라서 ghayn(غين)은 연구개 · 유성 · 마찰음(velar voiced fricative)이다.

어말형	어중형	어두형	독립형
ـغ	ـغـ	غـ	غ
تِبْغٌ	صَغِيرٌ	غَرِيبٌ	فَارِغٌ

المغرب

غ

ﻐ

ﻐ

ﻊ

غَ

غَزَالٌ

غُ	غِ	غَ

غَزَالٌ

صَمْغٌ

	ـغْ

بَبْغَاءُ

	ـغَـ

غَزَالٌ

	غَـ

식당	مَطْعَمٌ	접시	طَبَقٌ
정거장, 역	مَحَطَّةٌ	좋은, 훌륭한, 좋다	طَيِّبٌ
언어	لُغَةٌ	봉투	ظَرْفٌ
네 번째(의)	رَابِعٌ	종업원, 일꾼	عَامِلٌ
달걀	بَيْضٌ	주스	عَصِيرٌ
들으시오	اِسْتَمِعْ	점심 식사	غَدَاءٌ
먼, 멀다	بَعِيدٌ	양	غَنَمٌ
작은, 작다	صَغِيرٌ	그는 일한다	يَعْمَلُ
목마른, 목마르다	عَطْشَانُ	예, 네	نَعَمْ

	طَبَقٌ
	طَيِّبٌ
	ظَرْفٌ
	عَامِلٌ
	عَصِيرٌ
	غَدَاءٌ
	غَنَمٌ
	يَعْمَلُ
	نَعَمْ

مَطْعَمٌ	

مَحَطَّةٌ	

لُغَةٌ	

رَابِعٌ	

بَيْضٌ	

اِسْتَمِعْ	

بَعِيدٌ	

صَغِيرٌ	

عَطْشَانُ	

제 7 과

ف

ق

ك

ل

ف	fā'(ㅍ, ㅂ, 프)

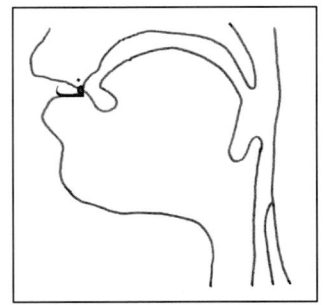

【발음방법】 이 소리는 위 앞니들을 아랫입술 위에 놓고, 아랫입술과 윗니들 사이로 폐에서 나온 공기가 통과되도록 하지만 코로는 통과되지 않도록 발음하여 만들어진다. 이 소리를 낼 때 성대는 떨리지 않는다. 따라서 fā'(فاء)는 순치·무성·마찰음(labio-dental voiceless fricative)이다.

어말형	어중형	어두형	독립형
ف	ف	ف	ف
خَفِيف	مُفِيدٌ	فَرِيدٌ	ظَرْف

ف

ف

ف

ف

ف

فَرَاشَةٌ

فُ	فِ	فَ

فَرَاشَةٌ

خَرُوفٌ

	ـف

تُفَّاحٌ

	ـفـ

فَرَاشَةٌ

	فـ

ق	qāf(ㅋ, ㄱ, 크)

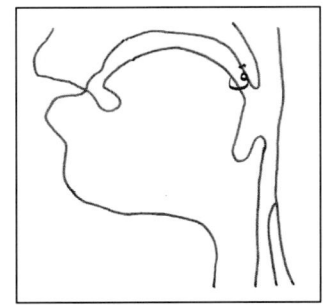

【발음방법】 이 소리는 혀의 가장 안쪽 부분을 목젖(uvula: 口蓋垂)과 맞닿도록 올려 코로 공기가 통과하지 않도록 하면서 내는 소리이다. 이때 폐에서 나온 공기가 목젖 안쪽에서 잠시 압축되었다가 혀의 가장 안쪽 부분을 갑자기 낮추어 폐에서 나오는 공기가 파열음을 내면서 나옴으로써 공기길이 개방된다. 이 소리를 낼 때 성대는 떨리지 않는다. 따라서 qāf(قاف)는 목젖(구개수)·무성·파열음(uvular voiceless plosive)이다.

어말형	어중형	어두형	독립형
ـق	ـقـ	قـ	ق
صَدِيق	دَقِيقَة	قَرِيبٌ	فُنْدُقٌ

124

ق

ق

ق

ـق

قَلَمٌ

قَلَمٌ

قَ	قِ	قُ

طَبَقٌ		بَقَرَةٌ		قَلَمٌ	
ــق		ــقــ		قــ	

126

ك	kāf(ㅋ, ㄱ, 크)		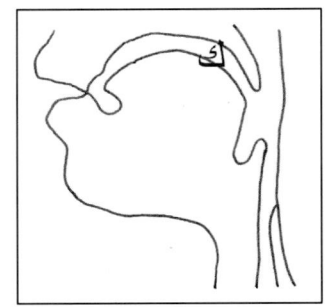

【발음방법】 이 소리는 혀의 가장 안쪽 부분을 연구개의 가장 안쪽을 향해 올리고, 코로 가는 공기길을 막도록 바로 그 연구개의 안쪽 부분이 상승하면서 혀의 가장 안쪽 부분과 맞닿게 하여 내는 소리이다. 이때 잠시 동안 공기가 압축되었다가 공기길이 개방되면서 파열이 일어난다. 이 발음을 할 때 성대는 떨리지 않는다. 따라서 kāf(كاف)는 연구개·무성·파열음(velar voiceless plosive)이다.

어말형	어중형	어두형	독립형
ـك	ـكـ	كـ	ك
مَلِكٌ	سِكِّينٌ	كِتَابٌ	شُبَّاك

[쓰기 연습]

ك

ک

ک

ك

كَلْبٌ

كَلْبٌ

كُ	كِ	كَ

دِيكٌ		سَمَكَةٌ		كَلْبٌ	
ـكٌ		ـكـ		كـ	

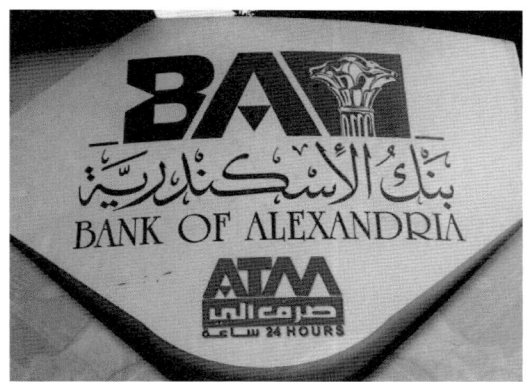

	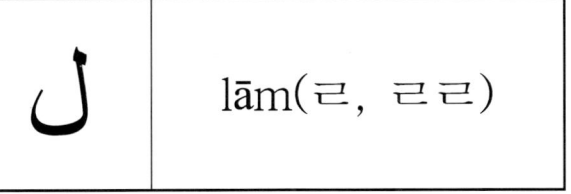 lām(ㄹ, ㄹㄹ)	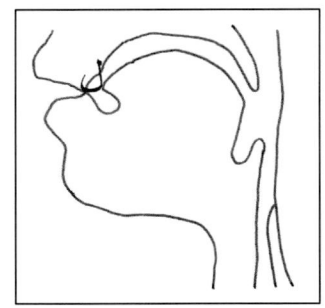

【발음방법】 이 소리는 혀끝을 윗니의 뿌리와 잇몸에 대고 내는 소리이다. 이때 구강의 중앙으로 공기가 통과하지 못하게 하는 장애가 있으며, 구강의 양 측면으로 폐에서 나온 공기가 나갈 수 있는 틈새기가 있다. 이 소리를 낼 때 성대는 떨린다. 따라서 lām(لام)은 치치조·유성·(설)측음(dental alveolar voiced lateral)이다.

어말형	어중형	어두형	독립형
ـل	ـلـ	لـ	ل
قَلِيل	حَلِيبٌ	لُغَةٌ	غَال

ل

ﻟ

ﻠ

ﻞ

لَيْمُونْ

لَيْمُونْ		لَ	لِ	لُ

جَبَلْ		ثَعْبْ		أَمْبَةٌ	
لـ		ـلـ		ـل	

마카로니, 국수	مَكَرُونَة	계산서, 영수증	فَاتُورَة
합당한, 적절하다	مَعْقُول	교실, 학급	فَصْل
고기	لَحْم	펜, 연필	قَلَم
청명한, 청명하다, 멋있다	لَطِيف	커피	قَهْوَة
카말(남자 이름)	كَمَال	큰, 커다란, 크다	كَبِير
조금	قَلِيل	책	كِتَاب
계절들	فُصُول	종이(한 장)	وَرَقَة
비싼, 비싸다	غَالٍ	저기(에), 저기(에)	هُنَاك
...... 위에	عَلَى	돈	نُقُود

【단어 쓰기】

	فَاتُورَةٌ

	فَصْلٌ

	قَلَمٌ

	قَهْوَةٌ

	كَبِيرٌ

	كِتَابٌ

	وَرَقَةٌ

	هُنَاكَ

	نُقُودٌ

مَكَرُونَةٌ	--
مَعْقُولٌ	--
لَحْمٌ	--
لَطِيفٌ	--
كَمَالٌ	--
قَلِيلٌ	--
فُصُولٌ	--
غَالٍ	--
عَلَى	--

138

제 8 과

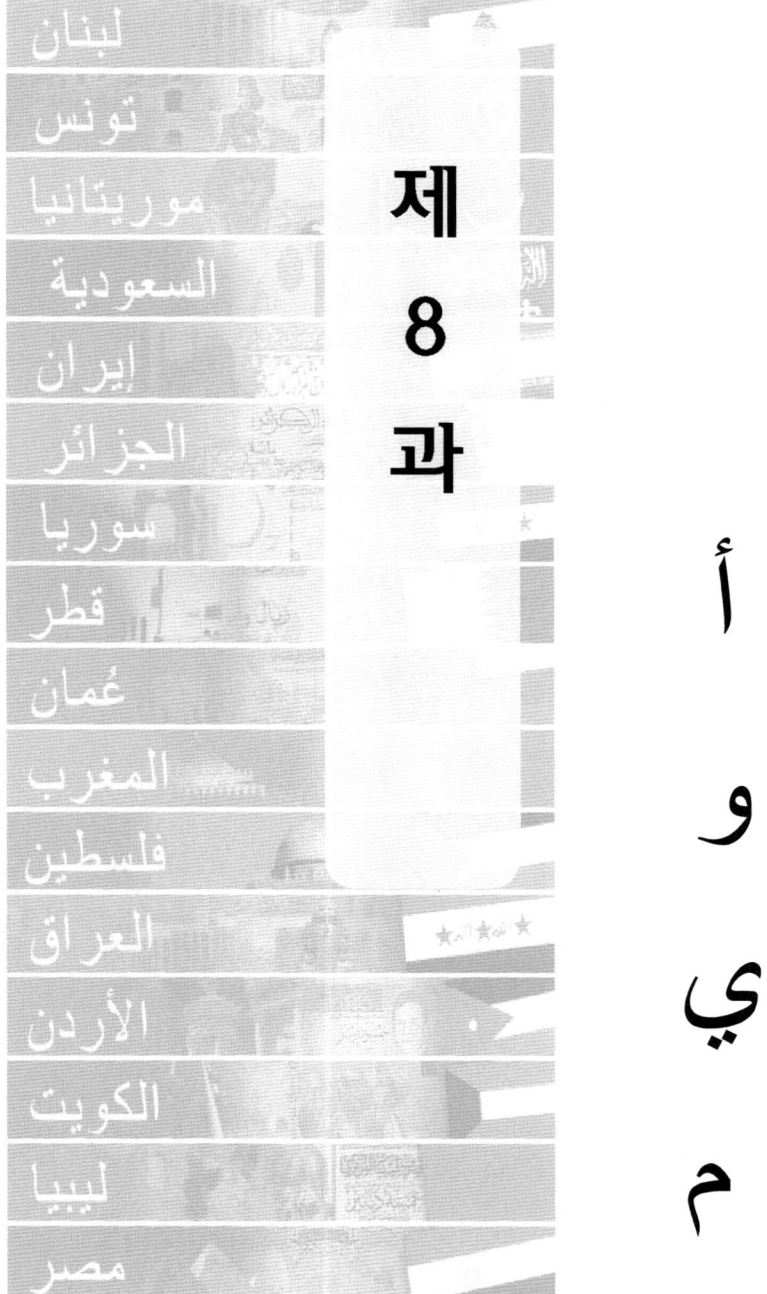

لبنان

تونس

موريتانيا

السعودية

إيران

الجزائر

سوريا

قطر

عُمان

المغرب

فلسطين

العراق

الأردن

الكويت

ليبيا

مصر

أ

و

ي

م

أ	ʻalif hamzah (아, 이, 우)	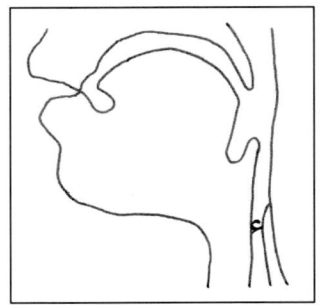

【발음방법】 hamzah(همزة)를 발음할 때 두 성대는 공기가 폐에 드나들지 못하게 하고, 그러다가 공기가 분출하여 갑작스런 파열이 일어날 때까지 아주 짧은 시간 동안 두 성대는 완전히 일치한다(붙어 있다). 그래서 이 함자를 성문ㆍ폐쇄음(glottal stop)이라고 한다.

어말형	어중형	어두형	독립형
ـأ	ـأـ	أ	أ
مِدْفَأ	فَأْس	أَسَدٌ	أَب

أ

ـأ

ـأ

أ

أَ

أَسَدٌ

أَسَدٌ		أُ	إِ	أَ

بَابَ		فَرٌّ		أَسَدٌ	
ـا		ـأ		أ	

142

و	wāw(오, 우)

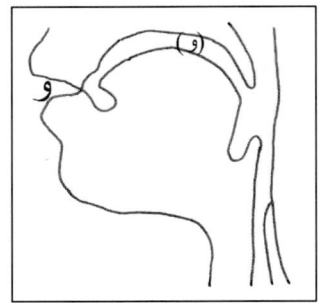

【발음방법】 wāw(و)는 조음기관들이 모음 /u/와 같은 것의 발음에 적합한 상태를 취한다. 이때 두 입술에는 모음 /u/를 발음하는 것처럼 원순작용이 일어나고, 연구개가 상승하여 코로 가는 공기길이 막히며, 성대가 떨린다. 따라서 이 wāw(و)는 양순(연구개)·유성·반모음(bilabio-velar voiced half vowel)이다.

어말형	어중형	어두형	독립형
ـو	ـوـ	وـ	و
هَو	يَوْمٌ	وَرْدَةٌ	وَاحِدٌ

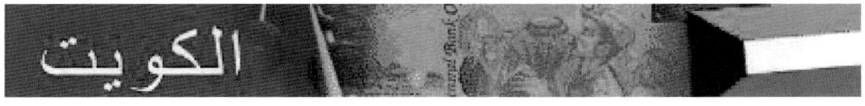

الكويت

144

و

و‍

‍و‍

‍و

وَلَدٌ

			وَلَدٌ
وُ	وِ	وَ	

دَلْوٌ		عُصْفُورٌ		وَلَدٌ	
ـو		ـو		و	

ي	yā'(이)

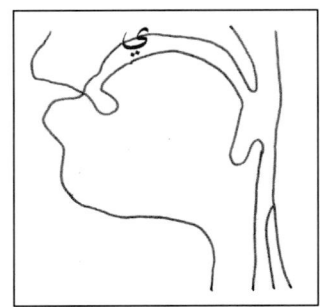

【발음방법】 yā'(ي)는 조음기관들이 모음 /i/와 같은 것의 발음에 적합한 상태를 취한다. 이때 혀의 중간 부분은 경구개를 향하고, 두 입술은 이완되며(평순이며), 코로 가는 공기길이 막히고, 성대가 떨린다. 따라서 이 yā'(ي)는 경구개·유성·반모음(palatal voiced half vowel)이다.

어말형	어중형	어두형	독립형
ي	ـيـ	يـ	ي
فِي	قَلِيلٌ	يَدٌّ	شَايْ

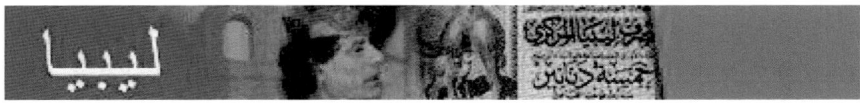

148

ي

ﻳ

ﻴ

ﻲ

يَدٌ

يَدٌ

يُ	يِ	يَ

كُورِيٌّ   فِلٌ   يَدٌ

ـي	

ـيـ	

يـ	

150

م	mīm(ㅁ, 므)

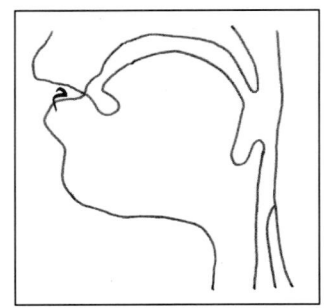

【발음방법】 이 소리를 낼 때 두 입술은 완전히 맞닿아 있다. 그래서 구강 안에서 공기가 완전히 봉쇄되어 있다. 그러나 연구개는 내려가기 때문에 폐에서 나오는 공기가 비강을 통해 나갈 수 있다. 이 소리를 발음할 때 성대가 떨린다. 따라서 mīm(م)은 양순·유성·비음(bilabio voiced nasal)이다.

어말형	어중형	어두형	독립형
مـ	ـمـ	مـ	م
نَعْمْ	قَمِيصٌ	مَكْتَبٌ	كَلاَمٌ

[쓰기 연습]

مـ

مـ

ـمـ

ـمـ

xـم

مُرَكَّبٌ

مُ	مِ	مَ

مُرَكَّبٌ

هَرَمٌ		شَمْعَةٌ		مُرَكَّبٌ	
ـمْ		ـمـ		مـ	

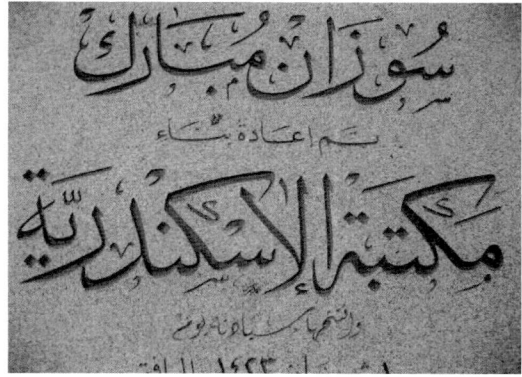

그녀는 일한다	تَعْمَلُ	아흐마드 (남자 이름)	أَحْمَدُ
학생들	تَلَامِيذُ	형, 동생	أَخٌ
아름다운, 아름답다(여성형)	جَمِيلَةٌ	무엇	مَاذَا
살림(남자 이름)	سَالِمٌ	언제	مَتَى
수미(여자 이름)	سُومِي	장미(한 송이)	وَرْدَةٌ
것, 사물	شَيْءٌ	종이(한 장)	وَرَقَةٌ
그림, 사진	صُورَةٌ	손	يَدٌ
긴, 길다, 큰,(키가) 크다	طَوِيلٌ	날, 하루	يَوْمٌ
눈	عَيْنٌ	…… 앞에	أَمَامَ

【단어 쓰기】

	أَحْمَدُ

	أَخٌ

	مَاذَا

	مَتَى

	وَرْدَةٌ

	وَرَقَةٌ

	يَدٌّ

	يَوْمٌ

	أَمَامَ

تَعْمَلُ	
تَلَامِيذُ	
جَمِيلَةٌ	
سَالِمٌ	
سُومِي	
شَيْءٌ	
صُورَةٌ	
طَوِيلٌ	
عَيْنٌ	

جريدة يومية سياسية تأسست سنة 1951

지은이

송경숙(한국외국어대학교)
이명원(한국외국어대학교)
공지현(한국외국어대학교)
윤용수(부산외국어대학교)
윤은경(한국외국어대학교)
임병필(한국외국어대학교)

알리프(أ)에서 야(ي)까지

초판인쇄 | 2009년 1월 20일
초판발행 | 2009년 1월 20일
지은이 | 송경숙, 이명원, 공지현, 윤용수, 윤은경, 임병필
펴낸이 | 채종준
펴낸곳 | 한국학술정보㈜
주 소 | 경기도 파주시 교하읍 문발리 513-5 파주출판문화정보산업단지
전 화 | 031)908-3181(대표)
팩 스 | 031)908-3189
홈페이지 | http://www.kstudy.com
E-mail | 출판사업부 publish@kstudy.com
등 록 | 제일산-115 호(2000.6.19)
가 격 | 20,000원

ISBN 978-89-534-0964-4 93790 (Paper Book)
       978-89-534-0965-1 98790 (e-Book)